Ce livre appartient à:

Écrit par:

MUJAWIYERA Eugénie

Illustré par:

RUTAYISIRE Chris

Un grand merci à Roxanna K., Joy M., Elvis M., & Molo M. !

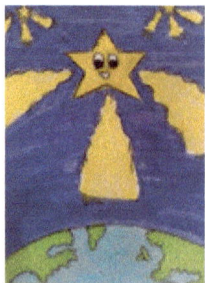

1

Les mères de Bill et Roxanna sont amies d'enfance et voisines.

Un jour, il n'y avait pas d'école. Bill et sa mère se sont rendus chez la mère de Roxanna.

Bill: Bonjour Roxanna.

3

Roxanna: Bonjour Bill! Bienvenue chez moi !
Viens, je vais te montrer mes livres.
Nous allons lire ensemble. Bill, est-ce que tu
aimes lire?

Bill : Je lis rarement!

Roxanna : Pourquoi?

Bill : Ce n'est pas amusant.

Roxanna : Peut-être, tu n'as pas de livres intéressants chez toi ?

Bill : Je n'ai d'ailleurs pas de livres à la maison.

Roxanna : Quoi ? Tu n'as aucun livre chez toi ?

Bill : Non!

Roxanna : Comment! Es-tu vivant ?

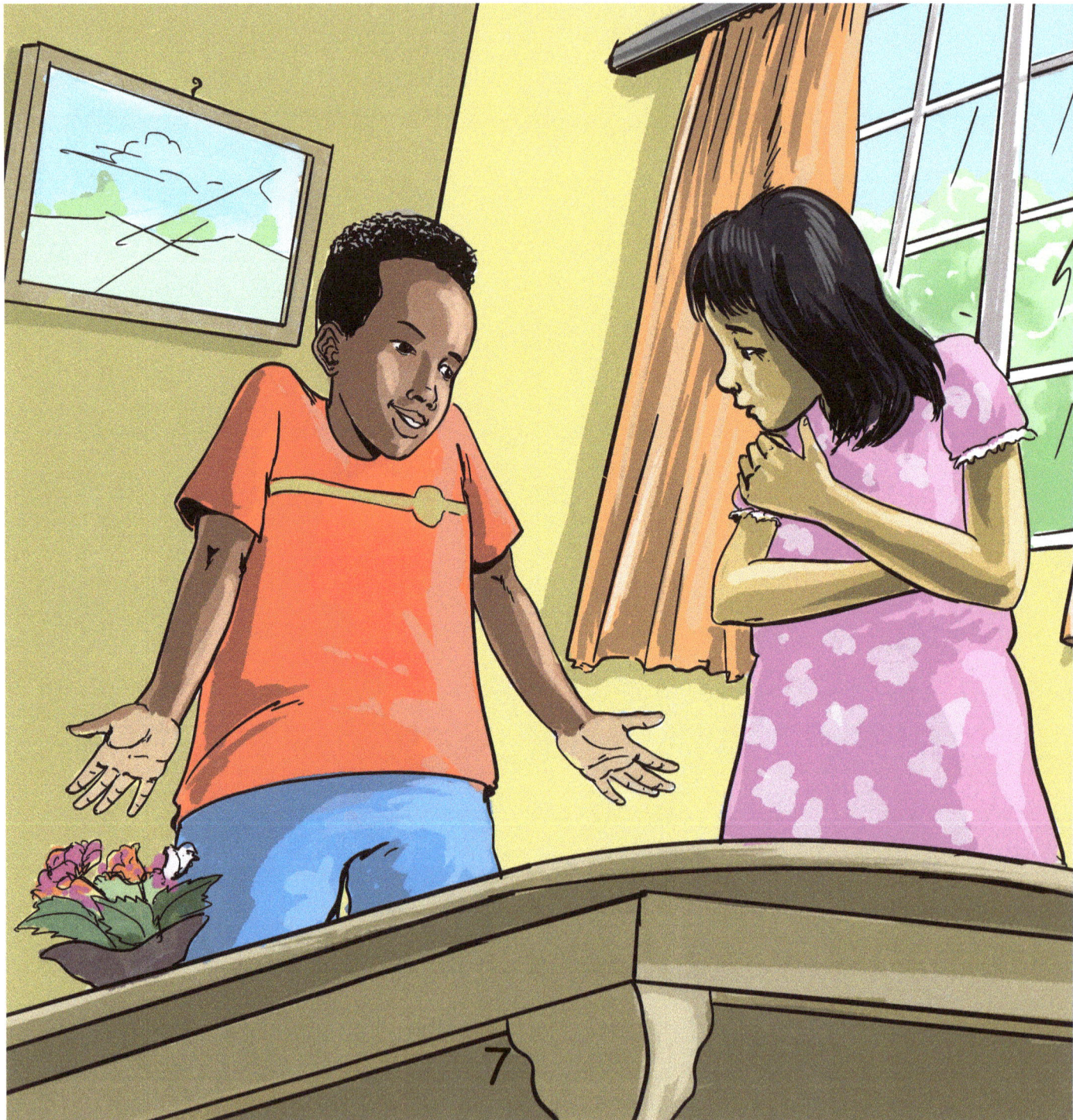

Bill : Il me semble que tu aimes lire parce que tu as beaucoup de livres chez toi.

Roxanna : Ah oui, j'aime beaucoup lire !
Pour moi, lire c'est très amusant.

Bill : Pourquoi ?

Roxanna : C'est parce que dans les livres on
y trouve des mondes différents !

Bill : Des mondes différents ?

Roxanna : Oui ! Comme dans les livres des animaux que j'aime lire, les animaux vivent dans leur propre monde !

Bill : Mais ce n'est pas possible !

Roxanna : Mais si, c'est possible !

Bill : Superbe ! Où peut-on trouver de bons livres sur les animaux ?

Roxanna : On peut les trouver dans différents endroits comme : la bibliothèque de l'école, la bibliothèque publique ou dans des librairies qui vendent des livres.

Bill : Combien de livres peux-tu lire par semaine ?

Roxanna : Je peux lire trois livres par semaines, c'est-à-dire qu'un livre peut avoir entre vingt-cinq et trente pages.

Bill : C'est vrai ! Combien de minutes prends-tu chaque jour pour lire ?

Roxanna : Je prends quinze à trente minutes par jour pour lire.

Bill : À quel moment de la journée préfères-tu lire?

Roxanna : Le matin à l'école ou le soir avant d'aller dormir.

Bill : Waouh ! Tu es vraiment une grande lectrice !

Roxanna : Merci ! Est-ce que tu sais que c'est très important de lire dans la vie?

Bill : Pourquoi? Peux-tu m'expliquer?

Roxanna : Bien sûr ! Je vais t'expliquer comment **la lecture a une richesse incroyable** :

16

Quand on lit beaucoup, on améliore notre lecture. La lecture nous aide à enrichir notre vocabulaire et elle nous permet de comprendre même les questions les plus dures liées aux Sciences, Mathématiques et Langues. Pour réduire le stress, nous pouvons lire des livres.

La lecture nous apprend aussi à ressentir ce que les autres ressentent à travers les mots.

Imagine, j'ai gagné la confiance en moi, car j'ai lu l'histoire d'un personnage dans un livre auquel je pouvais m'identifier et grâce à cela, j'ai pu développer des habitudes très saines.

Bill, je te conseille de faire
beaucoup d' efforts pour lire au moins
quelques pages d'un livre chaque jour.
La lecture peut t' aider à apprendre des
choses et tu peux les appliquer dans ta vie.
Tu peux prendre juste dix à quinze minutes
par jour.

La lecture est importante, car elle ouvre
notre esprit à un monde de possibilités dont
nous ne soupçonnions même pas l' existence.
Elle nous apprend également à nous mettre à
la place des autres personnes, car nous
pouvons lire une histoire du point de vue de
plusieurs personnes. Aussi, en lisant
beaucoup, cela peut nous donner confiance
en nous.

Bill : Merci pour ce conseil ! Je vais y penser.

Roxanna : D'accord ! J'attends impatiemment ta décision.

Bill : Au revoir Roxanna, on se reverra bientôt !

23

Un beau matin, Bill et sa maman décident d'aller se promener dans un parc.

25

Bill: Maman, qu'est-ce qu'ils sont en train de faire?

27

Maman : Ils sont en train de lire.

Bill : Ah oui ! Je me souviens de ce que Roxanna m'avait dit une fois à propos de la lecture. Mais, maman, peux-tu aussi me dire pourquoi il faut lire ?

Maman : Bill, peux-tu d'abord me dire quel est ton dessin animé préféré?

Bill: Tom l'extraterrestre!!

Maman: Eh bien! Imagine qu'il y a un livre sur Tom l'extraterrestre, tu le lirais?

Bill: Je ne suis pas sûr.

Maman: Pourquoi ? Quand tu lis, tu peux imaginer tout ce que tu veux! Tu peux aussi imaginer que tu te trouves dans le monde de Tom l'extraterrestre!

Maman: La lecture te permet d'augmenter ton imagination, c'est bien plus amusant que de regarder les dessins animés, car avec le livre tu peux t'imaginer à la place de Tom l'extraterrestre, c'est cool non?

Bill: Oui, c'est trop cool ! Qu'est-ce qu'on peut faire encore avec la lecture maman?

Maman: Beaucoup de choses ! Tu peux devenir aussi intelligent qu'Einstein en lisant des livres sur les **Sciences** ou la **Physique** ! La lecture nous permet surtout d'apprendre de nouveaux mots et, lire nous permet d'aller dans un monde infini !

Bill: Waouh, c'est trop bien !

Maman, est-ce que cet après-midi, on peut aller à la bibliothèque publique pour chercher des livres ?

Maman: Bien sûr ! Nous pouvons y aller.

Bill: Merci maman !

BIBLIOTHÈQUE PUBLIQUE

35

Maman: Attention, dedans il ne faut pas faire de bruit, sinon la bibliothécaire risque de se fâcher. Nous devons rester silencieux.

Bill: D'accord maman!

Réception

37

*Une fois dans la bibliothèque, une
bibliothécaire arrive.*

Bibliothécaire : Bonjour, je suis madame
Poppy. Comment puis-je vous aider?

Maman : Mon fils cherche des livres.

Mme Poppy : Ah, laissez-moi vous guider.
Nous allons faire un tour ensemble.

Bill: C'est vraiment énorme, il y a beaucoup de livres!

Mme Poppy: Bill, que veux-tu lire? Comme vous le voyez, il y a des livres de tous les genres : science-fiction, fantaisie et bande dessinée. Et bien plus encore ! Nous avons de différentes sortes de livres écrits par de différents auteurs.

Bill: C'est génial ! Mme Poppy, avez-vous des livres sur les extraterrestres ?

Mme Poppy : Oui, bien sûr ! Je vais t'aider à les trouver.

Bill choisit trois livres sur les extraterrestres.

Mme Poppy : Je vais faire entrer les trois livres dans le système de la bibliothèque. Bill, tu as une semaine pour retourner ces livres à la bibliothèque. D'accord ?

Bill : Oui, c'est d'accord !

Mme Poppy : Si tu reviens, tu pourras choisir d'autres livres.

Bill : Merci Madame Poppy !

Maman : Bravo Bill ! Dans quelques jours, je suis sûre que tu deviendras un bon lecteur et tu apprendras beaucoup de choses très intéressantes. **La lecture renferme une richesse incroyable !**

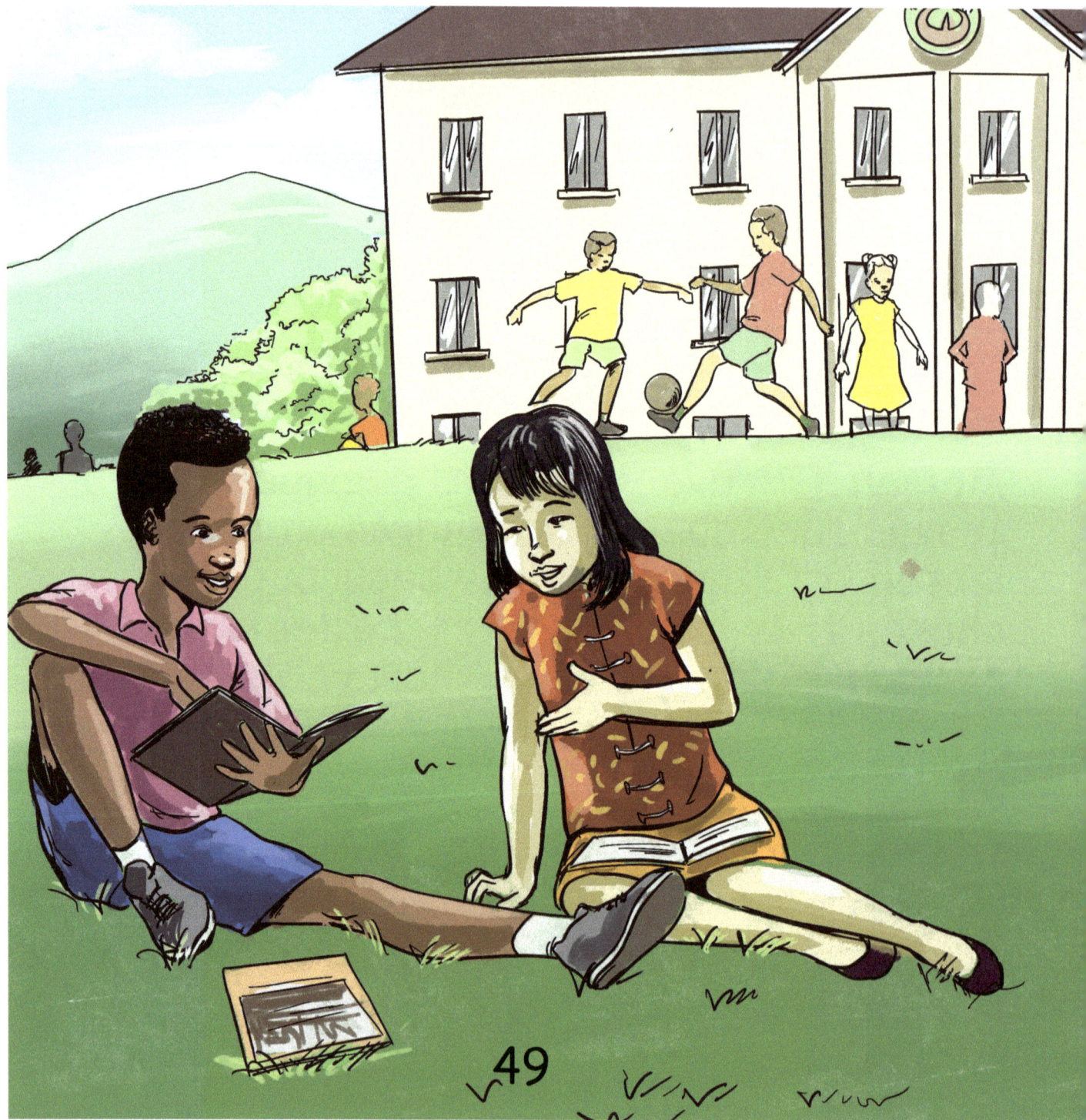

49

Après une semaine, Bill et Roxanna se rencontrent à l'école.

Bill : Salut Roxanna ! Tu sais, maintenant, je comprends pourquoi tu aimes lire. Je commence aussi à aimer la lecture. Ces derniers jours, j'ai pu lire trois livres sur les extraterrestres et je les ai bien aimés.

Roxanna : Je suis contente de t'avoir aidé à connaître l'importance et la richesse que renferme la lecture !

Mots difficiles

D'ailleurs : de plus

À travers : par

Sain/saine : qui est bon/bonne pour la santé

Impatiemment : avec impatience (impatience : incapacité d'attendre ou de supporter quelqu'un ou quelque chose)
Soupçonner : douter de

Infini : interminable

Risque : possibilité, probabilité d'un fait

Renfermer : contenir

Richesse : trésor

Incroyable : difficile à croire

Titre : Lecture : Richesse incroyable/
écrit par Eugenie Mujawiyera ;
illustré par Chris Rutayisire

52

www.ingramcontent.com/pod-product-compliance
Lightning Source LLC
Chambersburg PA
CBHW040004040426
42337CB00033B/5224